BEI GRIN MACHT SICH IHR WISSEN BEZAHLT

- Wir veröffentlichen Ihre Hausarbeit,
  Bachelor- und Masterarbeit

- Ihr eigenes eBook und Buch -
  weltweit in allen wichtigen Shops

- Verdienen Sie an jedem Verkauf

Jetzt bei www.GRIN.com hochladen
und kostenlos publizieren

Sander Kebnier

Literarisches Lernen mit klassischen Kurzgeschichten der Nachkriegszeit

Planung einer Unterrichtseinheit

GRIN Verlag

Bibliografische Information der Deutschen Nationalbibliothek:

Die Deutsche Bibliothek verzeichnet diese Publikation in der Deutschen National-
bibliografie; detaillierte bibliografische Daten sind im Internet über http://dnb.d-
nb.de/ abrufbar.

Dieses Werk sowie alle darin enthaltenen einzelnen Beiträge und Abbildungen
sind urheberrechtlich geschützt. Jede Verwertung, die nicht ausdrücklich vom
Urheberrechtsschutz zugelassen ist, bedarf der vorherigen Zustimmung des Verla-
ges. Das gilt insbesondere für Vervielfältigungen, Bearbeitungen, Übersetzungen,
Mikroverfilmungen, Auswertungen durch Datenbanken und für die Einspeicherung
und Verarbeitung in elektronische Systeme. Alle Rechte, auch die des auszugsweisen
Nachdrucks, der fotomechanischen Wiedergabe (einschließlich Mikrokopie) sowie
der Auswertung durch Datenbanken oder ähnliche Einrichtungen, vorbehalten.

Impressum:

Copyright © 2013 GRIN Verlag GmbH
Druck und Bindung: Books on Demand GmbH, Norderstedt Germany
ISBN: 978-3-656-40377-7

Dieses Buch bei GRIN:

http://www.grin.com/de/e-book/211714/literarisches-lernen-mit-klassischen-kurzge-
schichten-der-nachkriegszeit

GRIN - Your knowledge has value

Der GRIN Verlag publiziert seit 1998 wissenschaftliche Arbeiten von Studenten, Hochschullehrern und anderen Akademikern als eBook und gedrucktes Buch. Die Verlagswebsite www.grin.com ist die ideale Plattform zur Veröffentlichung von Hausarbeiten, Abschlussarbeiten, wissenschaftlichen Aufsätzen, Dissertationen und Fachbüchern.

Besuchen Sie uns im Internet:

http://www.grin.com/

http://www.facebook.com/grincom

http://www.twitter.com/grin_com

Einführung in die Fachdidaktik Deutsch:
Seminar: Einführung in die Arbeitsbereiche der
Deutschdidaktik

Lehramt
Geographie/Deutsch

Fakultät für Erziehungswissenschaft, Psychologie
und Bewegungswissenschaft
Universität Hamburg

Wintersemester 2012/2013

»Literarisches Lernen mit klassischen Kurzgeschichten der Nachkriegszeit«

»Planung einer Unterrichtseinheit«

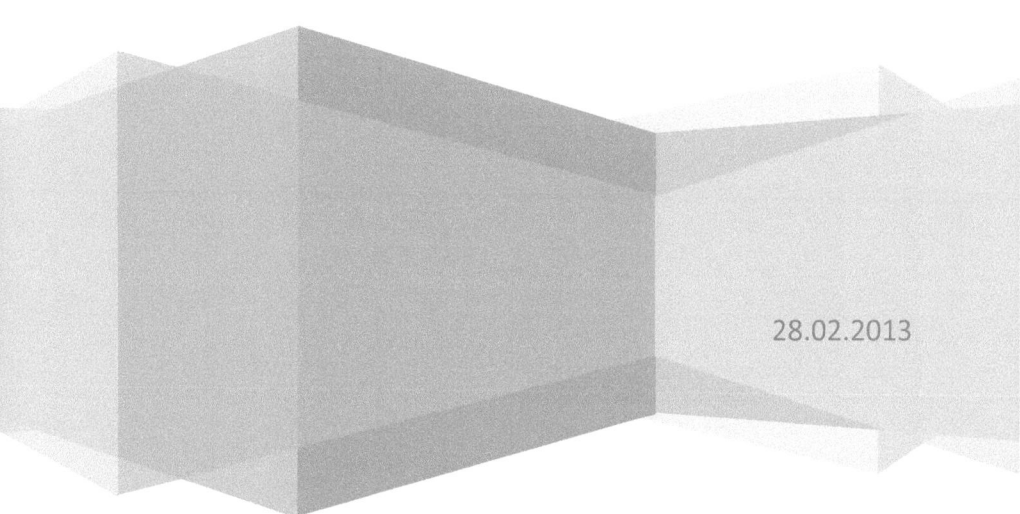

28.02.2013

Inhaltsverzeichnis

1. Einleitung

Der Hamburger Rahmenplan für das Fach Deutsch der 10. Jahrgangsstufe der Sekundarstufe I (achtstufiges Gymnasium) verlangt, dass *„die Schülerinnen und Schüler [...] zeitgenössische Literatur sowie Prosa und Gedichte aus der literarischen Tradition [kennen] (Textinhalte, literarische Formen, Autoren und Bezüge zur Entstehungszeit)"* und *„[...] Texte unterschiedlicher Gattungen sinnerschließend lesen [können], grundlegende Form- und Gestaltungselemente identifizieren und in Grundzügen Formen und Strukturen so aufeinander beziehen, dass sie Texte in ihren Aussagen und in ihrer formalen Struktur verstehen und in größere Zusammenhänge einordnen können [...]"* (FREIE UND HANSESTADT HAMBURG 2007: 23). Dies wird hauptsächlich dem Arbeitsbereich »Literatur, Sachtexte und Medien« zugeordnet, dem *„es im Wesentlichen darum [geht], Freude am Lesen zu wecken und zu erhalten sowie vorhandene Lesekompetenz zu sichern und zu vertiefen"* (FREIE UND HANSESTADT HAMBURG 2007: 9). Genau diese Ziele können mit der Gattung »Kurzgeschichte/kurze Prosa« erfolgreich und zielorientiert erreicht und tradiert werden. Mit kurzen Prosatexten kann im Unterricht jenen häufig divergenten Zielen nachgegangen werden, zum Beispiel durch die Übung von Lesestrategien, dem Auseinandersetzen mit inhaltlichen Themenkomplexen oder dem Analysieren der Gattungsmerkmale (vgl. SPINNER 2012: 25). Doch wieso eignet sich besonders die Kurzgeschichte für dieses Vorhaben?

Kurzgeschichten zeichnen sich häufig durch eine minimalistische Erzählweise aus, welche sich »dem Verstehen« entgegenstellt. Dem *„vorstellungsintensive[n] Lesen"* bedarf es deshalb einer Unterstützung und ständigen Fortentwicklung, zum Beispiel, indem die Textauswahl bewusst auf die eigenen Vorstellungsdimensionen der Schülerinnen und Schüler ausgerichtet ist und somit ein Angebot für Identifikation bildet. Dennoch darf das Irritationspotenzial der Kurzgeschichten nicht verloren gehen. Da Kurzgeschichten oft stilistisch hervortretend gestaltet und geschrieben sind, kann gerade an ihnen die sprachliche Gestaltung literarischer Texte beobachtet bzw. wahrgenommen und untersucht werden. Fiktionalität ist in Kurzgeschichten vielfältig integriert und stärkt das Bewusstsein für das Verhältnis von Realität und Fiktionalität sowie das Verständnis der Handlungslogik (SPINNER 2012: 25ff). Denn gerade in höheren Klassenstufen weicht das »Sich-einlassen« auf den Handlungsrahmen schnell den abstrakten Diskussionen, wodurch nun auch ein Schwerpunkt auf das Bestehenbleiben des bereits Erlerntem gelegt werden muss (vgl. SPINNER 2012: 39f).

2. Darstellung der Unterrichtseinheit

2.1 Lernbedingungsanalyse:

In der 10. Klasse eines Hamburger Gymnasiums im südöstlichen Randgebiet der Stadt wird die folgende Unterrichtseinheit »Literarisches Lernen mit klassischen Kurzgeschichten der Nachkriegszeit« durchgeführt. Die Klasse besteht aus vierundzwanzig Schülerinnen und Schüler, von denen dreizehn Mädchen und elf Jungen sind, welche wiederum alle zwischen fünfzehn und sechszehn Jahre alt sind. Fünf der Schülerinnen und Schüler, drei Mädchen und zwei Jungen, haben einen Migrationshintergrund. Die Mädchen stammen aus türkischen Familien und wurden, mit einer Ausnahme, in Deutschland geboren und beherrschen alle die deutsche Sprache auf muttersprachlichem Niveau, sind jedoch zweisprachig aufgewachsen. Die zwei Jungen stammen beide aus einer iranischen Familie und wurden auf Wunsch der Eltern in eine Klasse versetzt. Sie kamen in jungen Jahren nach Deutschland. Bei einem von ihnen machen sich zeitweise Artikulationsschwierigkeiten und ein eingeschränkter Wortschatz bemerkbar, wodurch es jedoch kaum zur Unterrichtsbeeinträchtigung kommt.

Das Klima des Kurses ist allgemein freundlich, engagiert, harmonisch und verständnisvoll. Die Schülerinnen und Schüler respektieren sich gegenseitig, verzeihen sich Fehler im Unterricht und hören meistens konzertiert zu und arbeiten interessiert mit. Die typische Gruppenbildung ist zwar in dieser Klasse auch mehr oder minder stark ausgeprägt, behindert jedoch nicht den Unterricht. Es existieren keine »Feindschaften« oder größere Konflikte zwischen den Schülerinnen und Schülern. Das Niveau der Klasse ist phasenweise besonders hoch und engagiert, wechselt sich jedoch regelmäßig mit unproduktiveren Arbeitsphasen ab. Dies scheint sowohl vom Thema als auch von der Arbeitsform abhängig zu sein. Die durchschnittliche Leistung der Schülerinnen und Schüler, über einen größeren Zeitraum betrachtet, ist weder besonders positiv noch negativ auffällig. Der Großteil der Schülerinnen und Schüler beweist offenkundig ein starkes Interesse an den behandelten Themenkomplexen und Unterrichtseinheiten. Einen besonderen Anklang haben Gruppenarbeitsphasen gefunden, welche sowohl von der Lehrperson als auch von den Schülerinnen und Schülern selbst zusammengesetzt werden. Hier muss dennoch darauf geachtet werden, dass sowohl nach Leistung selektiert werden muss als auch eine gute »soziale Durchmischung« angebracht ist, da es sonst zu der bereits erwähnten Gruppenbildung kommt, welche die Gruppenarbeitsphasen leistungstechnisch abschwächt. Besonders die zwei Brüder schaffen es regelmäßig solche Gruppenarbeiten mit anderen Themeninhalten zu füllen, sind aber wiederum so gut aufeinander eingespielt, dass sie auch eine Bereicherung für jede Gruppe sein

2

können. Das Präsentieren der Gruppenarbeitsergebnisse im Plenum erweist sich schlussendlich als besonders beliebt und auch sinnvoll, da Diskussionen und Austauschprozesse unter den Teilnehmerinnen und Teilnehmern entstehen. Auch schriftliche Einzelarbeiten im Unterricht werden überwiegend vorbildlich angefertigt, führen aber über längere Zeiträume zu Unmut unter den Schülerinnen und Schülern. Die Hausaufgaben werden, mit Ausnahme einzelner Fälle, gut vorbereitet angefertigt. In der achten Klassenstufe wurde der Themenkomplex »kurze Prosa« bereits behandelt. Da der Kurs aus vorher unterschiedlichen Klassen zusammengesetzt ist, scheinen einige der Schülerinnen und Schüler bereits besser mit der Materie vertraut zu sein als andere. Ein Grundverständis für diese literarische Gattung sollte somit zwar vorhanden sein, kann aber nicht zwingend vorausgesetzt werden. Die Schülerinnen und Schüler haben sich in der achten Klassenstufe bereits mit den unterschiedlichen Gattungen der kurzen Prosa auseinandergesetzt, wie zum Beispiel den Kalendergeschichten, den Anekdoten und den Parabeln und Fabeln.

Der Unterricht umfasst vier Wochenstunden. Die eine Doppelstunde findet montagmorgens zur ersten und zweiten Stunde und die zwei Einzelstunden donnerstags und freitags in der letzten (sechsten) Stunde statt. Die zeitliche Einordnung der Stunden scheint an den Tagen gelegentlich Auswirkung auf die Konzentration und das Engagement zu haben (Wochenanfang/Wochenende - Schultagbeginn/Schultagende). Der Klassenraum ist ausreichend groß für die anwesenden Personen und ist ausgestattet mit einer Tafel und einem Overheadprojektor. Ein Beamer kann zusätzlich kurzfristig angeschafft werden.

2.2 Konkrete Lernziele für die Gesamteinheit:

Die Schülerinnen und Schüler ...
- lernen die Inhalte der Kurzgeschichten kennen;
- können die Thematik der Texte erkennen und verstehen;
- werden sich über die Konflikte in den Kurzgeschichten bewusst und nehmen einen eigenen Standpunkt dazu ein;
- können sich eigene Vorstellungen/Perspektiven zu den jeweiligen Kurzgeschichten bilden;
- kennen grundlegend den historischen Hintergrund bzw. die Problematiken »einer Nachkriegszeit«;
- kennen die wichtigsten Lebensdaten und die Biographie von Wolfgang Borchert, exemplarisch für einen Autor der Nachkriegszeit;
- lernen die sprachliche Gestaltung wahrzunehmen, ggf. zu analysieren;

- kennen die relevanten Strukturmerkmale einer Kurzgeschichte, wie die »Kürze«, die Wortwahl, den unvermittelten Anfang und das offene Ende, die Deutungsoffenheit oder die Erzählperspektiven, und wissen, welchen Zweck ein Autor damit verfolgt;
- können Inhalt und Form miteinander in Verbindung setzen;
- können symbolische Sinnzusammenhänge erkennen und herausarbeiten/verstehen;
- können sich in die handelnden Personen, z.B. in den Mann oder in die Frau aus »Das Brot«, hineinversetzen (Perspektivübernahme), indem sie die Kurzgeschichte beispielsweise szenisch spielen;
- gehen über die Erschließung eines einzelnen Textes hinaus und können die erlernten Fähigkeiten weitläufiger anwenden;
- wissen, dass es unterschiedliche Umsetzungen an Kurzgeschichten gibt;
- haben ein Bewusstsein für die Definitionsproblematik;
- können, anhand der Wesensmerkmale einer Kurzgeschichte, jene von anderen epischen Formen abgrenzen (in der Unterrichtseinheit sehr schwer überprüfbar);

2.3 Sachanalyse:

Der Terminus »Kurzgeschichte«, wie man ihn heute appliziert, etablierte sich erstmals Anfang der zwanziger Jahre des 20. Jahrhunderts in Europa und geht auf die Übersetzung des englischen Begriffs »short story« zurück (vgl. NENTWIG 1990: 7). Die ältesten »short stories« stammen von Washington Irving, mit »Irving's Sketchbook« um ca. 1820, und Edgar Allan Poe, mit »Tales of the Grotesque and Arabesque« um ca. 1840. Die Kurzgeschichte war anfänglich eine kleine, unabhängigere Kunstform, in der sich auf das Notwendigste konzentriert wird. Dennoch sollten „Oberflächlichkeit, Nüchternheit und Trockenheit vermieden werden" (MARX 2005: 28). Zu dieser Zeit gab es literaturwissenschaftlich noch keine klare Definition für »die Kurzgeschichte«, so wurde sich verstärkt auf die Kürze und die besondere Wirkung konzentriert. Der außergewöhnliche Reiz einer Kurzgeschichte bestehe darin, dass sie sowohl kurz als auch akkurat aufgebaut sein müsse, um auf eine (bestimmte) Wirkung hinzusteuern (vgl. MARX 2005: 29).

Die Kurzgeschichte nach 1945 war stark geprägt von den Kurzprosatexten, die nach dem Zweiten Weltkrieg in Deutschland entstanden. Die deutsche Kurzgeschichte gilt als exemplarischer Literaturtyp der Nachkriegszeit. Die Autoren sahen in ihr eine angemessene Form, den Erfahrungen des Krieges und dem hiermit verbundenen Leid Ausdruck zu verleihen (vgl. SPINNER 2012: 16). Vertreter dieser »Kahlschlagliteratur« waren zum Beispiel Wolfgang Borchert,

Wolfdietrich Schnurre und Heinrich Böll (vgl. BELLMANN 2011: 5f). Die Kurzgeschichten des Zeitraums von 1945 bis 1960 thematisieren »Schicksalsbrüche«, welche die Hauptfigur erleidet und wodurch sie in eine Verfassung des Schreckens verfällt. Diese Kurzgeschichten beschreiben den »Ausnahmealltag« und behandeln Themenkomplexe wie den Nationalsozialismus, den Widerstand, den Krieg und dessen Schrecken. So thematisiert auch »Das Brot« von Wolfgang Borchert eine Schreckenssituation der Nachkriegszeit, in der eine Frau ihren Mann beim heimlichen Verzehr des knappen Brotes ertappt. Diese Szene spiegelt die gesellschaftliche Situation der frühen Nachkriegszeit sehr realitätsgetreu wieder und vermittelt zudem eine zeitlich unabhängige Wert- und Moralvorstellung.

Aufgrund der vielfältigen Merkmale, die diffus und verstreut in unterschiedlichen Kurzgeschichten vorkommen, ist es nicht möglich dem Typus »Kurzgeschichte« immer geltende Merkmale zuzuordnen. Folglich gibt es nicht „[die] Kurzgeschichte, sondern nur Kurzgeschichten" (ULRICH 1973: 4). Dennoch treten sich wiederholende und somit allgemein häufige Merkmalsaspekte auf. Kurzgeschichten zeichnen sich durch ihre Alltagsnähe in Ausdrucksform und Inhalt, ihren Gegenwartsbezug - wenn auch zu einer anderen Zeit - und der Tatsache aus, dass sich der Handlungsrahmen auf nur ein Geschehen konzentriert. Die Handlung stellt häufig einen Einschnitt in das Leben der Hauptprotagonistin/des Hauptprotagonisten dar. Die Kurzgeschichte weist außerdem einen offenen, unmittelbaren Anfang und ein plötzliches und abermals offenes Ende auf, wobei dem Leser keine eindeutige Lösung präsentiert wird (vgl. SPINNER 2012: 15). Die Relation von Erzählzeit und erzählter Zeit ist in vielen Kurzgeschichten von einer umfassenden Raffung geprägt. Es liegt also eine „linear auf einer Zeitebene durcherzählte Geschichte" (MARX 2005: 74) vor. Die Erzählung ist wie ein Ausschnitt, der eine besondere Situation darstellt, aus einem nicht erzählten größeren Zusammenhang (vgl. SPINNER 2012: 15). Sie ist „ein Stück herausgerissenes Leben" (DURZAK 2002: 52) und kann als „komprimierte[r] Roman, [der] ganze Tatsachenkomplexe voraussetzt, auslässt, überspringt, zusammenpresst oder in einem knappen Berichtstil wiedergibt" (DODERER 1973: 33), bezeichnet werden. In Kurzgeschichten gibt es meistens keinen auktorialen Erzähler, der die Handlung kommentiert. Typischer ist hingegen die Ich-Perspektive oder allgemein eine Erzählperspektive, die an der Handlungsfigur orientiert ist (z.B. die personale Erzählperspektive). Stilistisch sind Kurzgeschichten bewusst einfach aufgebaut, zum Beispiel ähnlich einer Parataxe, das heißt eine Aneinanderreihung selbstständiger (Haupt-)Sätze (vgl. SPINNER 2012: 15). Eine Kurzgeschichte ist verdichtend und verkürzend aufgebaut und bleibt dennoch hintergründig und gezielt (vgl. LILL 2010: 51). Ziel einer Kurzgeschichte ist es, mit einem Minimum an Text ein Maximum an Inhalt und Aussage zu erzielen. Die einerseits erwähnte Dichte und andererseits inhaltliche Offenheit führt den Leser dazu, seine kognitiven Kompetenzen und sein Urteilsvermögen aufzuwenden, um den umhüllten Sinn hinter der »oberflächlichen Struktur« zu erkennen.

Dieses Konzept lässt sich auch auf Wolfgang Borcherts »Das Brot« übertragen. Die Kurzgeschichte hat eine Alltagssituation der frühen Nachkriegszeit zum Thema. Ein Mann bedient sich nachts am spärlichen Brot und wird von seiner Frau entdeckt. Diese durchschaut seine folgenden Ausreden und hat Mitleid. Sie setzt alles daran, dass sein Schwindel nicht auffällt. Sie gibt ihm schließlich am nächsten Tag eine Scheibe ihrer Ration ab. »Das Brot« spiegelt die Schwierigkeit der Situation zur Nachkriegszeit wieder und zeigt, wie sich liebende Menschen aus Not belügen. Dabei steht das Brot metaphorisch für den Überlebensinstinkt. Das Messer symbolisiert die Gefahr, welche die Bindung der zwei Partner zu durchtrennen vermag. Beide Hauptpersonen werden weder mit Namen vorgestellt noch wird der genaue Ort genannt. Dies lässt darauf schließen, dass Borchert eine allgemeine, zeit- und ortsübergreifende Aussage beabsichtigt. Heinrich Böll bezeichnete »Das Brot« als *„eine meisterhafte Erzählung, kühl und knapp, kein Wort zu wenig, kein Wort zu viel"* (DURZAK 2002: 118). Die Kurzgeschichte wird nicht durch eine Einleitung eröffnet. *„Plötzlich wacht sie auf"* (Z.1) und der Leser befindet sich mitten im Geschehen. Auch ein abschließendes Ende ist nicht vorhanden, womit der Leser zum eigenen Nachdenken angeregt wird. Die Kurzgeschichte ist in einem simplen, praktischen Stil - charakteristisch für Borchert - geschrieben. Die Wortwahl ist einfach und bündig gehalten. Fremdwörter und viele Adjektive werden vermieden, wodurch die Spärlichkeit der szenischen Umgebung zum Ausdruck gebracht wird. Gesteigert wird dieser Eindruck weiter durch die Motive, wie die späte Uhrzeit, die Kälte oder der Wind. Alles deutet auf eine feindliche Umgebung hin. Die Erzählweise ist dabei an eine personale Erzählperspektive angelehnt und wird aus der Sicht der Frau erzählt, wechselt aber dennoch zusätzlich zu den Gedanken des Mannes.

2.4 Didaktische Analyse:

WOLFGANG KLAFKI stellt fünf grundlegende Fragen auf, auf die sich eine Lehrkraft bei ihrer didaktischen Analyse beziehen soll. Hierbei handelt es sich um die (1) **Gegenwartsbedeutung**, also die Frage, welchen Standpunkt der abzuhandelnde Inhalt bereits für die Schülerinnen und Schüler einnimmt, die (2) **Zukunftsbedeutung**, also welchen Stellenwert wird bzw. kann der Inhalt in zukünftigen Zusammenhängen einnehmen, die (3) **Struktur des Inhalts**, die (4) **exemplarische Bedeutung**, folglich die Frage, wofür steht der geplante Inhalt exemplarisch bzw. repräsentativ, und die (5) **Zugänglichkeit** für die Schülerinnen und Schüler. Alle Fragen müssen individuell für den gewählten Themenkomplex und die Lerngruppe ausgearbeitet werden (vgl. KLAFKI 1962: 14-22).

Für die Unterrichtseinheit »Literarisches Lernen mit klassischen Kurzgeschichten der Nachkriegszeit« ist bereits Vorwissen (Gegenwartsbedeutung) vorhanden. In den vorangegangen Klassenstufen haben sich die Schülerinnen und Schüler mit dem Themenkomplex und dem Typus der »Kurzgeschichten« auseinandergesetzt. Somit sind bestimme Kenntnisse an Inhalt und Form vorhanden bzw. sollten leicht reaktivierbar sein. Diese können jedoch nicht umfassend vorausgesetzt werden. Der geschichtliche Kontext wird den Schülerinnen und Schülern sowohl im schulischen als auch im privaten Rahmen geläufig sein. Sie haben zum Beispiel Bücher zu diesem Thema gelesen und in anderen Unterrichtsfächern oder mit ihren Großeltern und Bekannten, sofern diese beispielsweise Zeitzeugen sind, darüber gesprochen. Dennoch wird die triste Darstellung, sowohl durch den Inhalt als auch durch die Form der Kurzgeschichten ausgedrückt, gegebenenfalls eine neue Perspektive auf die Sachlage implizieren und das geistige Potenzial der Schülerinnen und Schüler erweitern.

Die Lesekompetenz hat sowohl eine Gegenwartsbedeutung als auch eine wichtige Zukunftsbedeutung. Ziel ist es *„geschriebene Texte zu verstehen, zu nutzen und über sie zu reflektieren, um eigene Ziele zu erreichen, das eigene Wissen und Potenzial weiterzuentwickeln und am gesellschaftlichen Leben teilzunehmen"* (DEUTSCHES PISA-KONSORTIUM 2001: 23). Mit den Kurzprosatexten der Unterrichtseinheit wird die Lesekompetenz noch einmal aufgearbeitet und ermöglicht den Schülerinnen und Schülern einen zukünftig besseren Umgang mit literarischen Texten - sowie deren Inhalt und Form. Eine gefestigte Lesekompetenz ist somit zur Erreichung eines positiven Abschlusses unumgänglich und spielt zum anderen sowohl in der zukünftigen, beruflichen Laufbahn als auch im privaten Rahmen eine entscheidende Rolle. Das Verstehen und Verfassen von Texten gehört somit zur Alltäglichkeit. Gerade hier tritt immer wieder der Fall ein, dass einige Schülerinnen und Schüler, selbst am Ende der Sekundarstufe I, größere Probleme mit dem Textverständnis haben (vgl. SPINNER 2012: 23). Auch das in der Unterrichtseinheit geplante Rollenspiel ist eine wirksame Methode, um die Schülerinnen und Schüler *„für kurze Zeit aus den gewohnten Wirklichkeits- und Sozialbeziehungen [herauszulösen]"* (PETERßEN 2009: 257) und in die besagten Inhalte zu versetzen. Hiermit greift der Schulunterricht in die sekundäre Sozialisation der Schülerinnen und Schüler ein und ermöglicht eine langfristige Auseinandersetzung mit den inhaltlichen Aspekten.

Die Strukturanalyse ist immer eng verbunden mit der Gegenwarts- und Zukunftsbedeutung. Hierbei kommt es zur Betrachtung der Struktur bzw. der Zusammenhänge innerhalb und auch außerhalb des geplanten Lerngegenstandes. Die Struktur setzt sich dabei aus mehreren „*einzelnen Momenten*" (KLAFKI 1962: 16) zusammen. Die Schülerinnen und Schüler setzen sich mit den unterschiedlichen Ebenen der eingebrachten Kurzgeschichten auseinander. Sie gehen dabei über die oberflächliche Schicht des erzählten Handelns und der Vorgänge tiefer in die inneren, nicht explizit dargestellten Erlebnisse und Emotionen der einzelnen Personen und übertragen jene gegebenenfalls auch auf sich bzw. können sich mit ihnen identifizieren. Im letzten Schritt wird schließlich die symbolische Bedeutungsebene untersucht (siehe 2.3).

Die abzuhandelnden Kurzgeschichten sind zum größten Teil repräsentativ für die klassische Kurzgeschichte der Nachkriegszeit und fördern zudem weiterführend das bessere Textverständnis anderer Textsorten. Anhand der Auseinandersetzung mit den Kurzgeschichten lernen die Schülerinnen und Schüler exemplarisch, wie sie mit literarischen Texten umgehen und solche erschließend bearbeiten können. Diese Kompetenz hat wiederum Einfluss auf die zukünftige, schulische und außerschulische Laufbahn.

Der Lerngegenstand ist den Schülerinnen und Schülern bereits teilweise bekannt. Die Zugänglichkeit wird sich relativ einfach gestalten, da die Kurzgeschichten einen simplen Stil aufweisen und keine »zu weit entfernten Sinnebenen« enthalten. Sie enthalten Situationen und Erlebnisse, mit denen sich die Schülerinnen und Schüler der besagten Klassenstufe auseinandersetzen und teilweise identifizieren können. Dennoch könnten inhaltliche Probleme auftreten, da vielleicht nicht jeder der Teilnehmerinnen und Teilnehmer in der Lage ist, sich in eine solche (Not-)Situation hineinzuversetzen.

2.5 Tabellarische Übersicht der Gesamteinheit:

Std.	Thema der Stunde/ Unterrichtsgeschehen	Ziele	Methoden, Sozialform
1/2 Mo.	*siehe 2.6 Ausarbeitung einer Doppelstunde*		
3 Do.	**(1)** Die SchülerInnen (S.) stellen ihre Charakterisierungen (Hausaufgaben) ihren Partnern vor.	Die S. können die Hauptfiguren charak- terisieren und sich in sie hineinversetzen bzw. ihre Handlungen nachvollziehen.	Partnerarbeit
	(2) Gute Charakterisierungen werden im Plenum vorgestellt. Die Lehrperson (L.) und die S. geben Rückmeldungen.		Plenum
	(3) Rückbezug auf *Material 3*: Die L. stellt Leitfragen, z.B.: „Was will der Autor aus- sagen/-drücken? Wie setzt er dies um? (Auswirkung inhaltlicher und struktureller	Die S. können Inhalt und Form einer Kurzgeschichte miteinander in Verbindung bringen und lernen die	Einzel- oder Partnerarbeit

8

	Merkmale auf die Wirkung)" Kurze Einzel- oder Partnerarbeit, dann wechselseitiges Gespräch im Plenum. Ergebnisse werden an der Tafel festgehalten und von den S. übernommen.	sprachliche und formale Gestaltung und Wirkung zu analysieren.	Plenum Tafelarbeit
	(4) L. teilt *Material 5* aus. Hausaufgabe: „Untersuche die biographischen Daten (Arbeitsblatt oder eigene Quellen) Wolfgang Borcherts und finde mögliche Gemeinsamkeiten/Verknüpfungen zu seiner Kurzgeschichte."	Die S. setzen sich mit dem biographischen Bezug eines Autors zu seinem Werken auseinander.	Hausaufgabe
4 Fr.	**(1)** Die S. stellen ihre Hausaufgaben im Plenum vor. Die L. hält die Ergebnisse an der Tafel fest und leitet das Gespräch, kommentiert/korrigiert. **(2)** Die S. üben in Vierergruppen »Das Brot« als szenisches Stück ein. Zwei S. übernehmen die direkte(n) Rede /Handlungen. Zwei andere Schüler übernehmen die inneren Monologe /Gedanken (versuchen dem auch mit Gestik/Mimik Ausdruck zu verleihen). Die Ideen werden dabei schriftlich festgehalten.	Die S. erkennen, welchen Einfluss die Ereignisse zu Borcherts Zeit auf ihn hatten und wie sich diese in seiner Kurzgeschichte wider- spiegeln. Die S. verstärken ihre Verbindung zu den Figuren der Kurzgeschichte (KG), indem sie ein szenisches Stück einüben. Hierbei wird auch verstärkt auf die Emotionen und Gedanken der Figuren eingegangen.	Plenum Tafelarbeit Gruppen- arbeit
5/6 Mo.	**(1)** Die sechs Gruppen stellen ihre geübten Schauspiele dem Plenum vor. Die S. und die L. geben Rückmeldungen. Leitfragen, z.B. „Wie wurde die KG umgesetzt? Worauf wurde der Schwerpunkt gelegt? Wie wurden die inneren Gedanken/Emotionen dargestellt? ...". **(2)** Die L. spielt die animierte Umsetzung »Das Brot« (*Material 6*) den S. vor. Die S. und die L. kommen nach dem Film ins Gespräch. Leitfragen, z.B. „Wie wurde die KG hier umgesetzt? (Wie) anders als in den eigenen Schauspielen? Ist der Kurzfilm gelungen? Wieso? Wieso nicht?" **(3)** Die L. teilt zwölfmal *Material 7* und zwölfmal *Material 8* aus. Hausaufgabe: „Untersuche (mit *Material 3*) deine neue Kurzgeschichte. Welche Unterschiede und Gemeinsamkeiten fallen zum »Brot« auf?"	Die S. setzen sich mit den Interpretationen und Erkenntnissen der anderen S. auseinander bzw. erhalten dabei neue Einblicke/eine neue Sichtweise auf die Figuren/die KG. Die S. können ihre Perspektive auf die KG mit einer fremden /»professionellen« Interpretation vergleichen und eine Meinung dazu entwickeln. Die S. können die erlernten Fähigkeiten weiterführend (auf andere KG) anwenden.	Plenum Film Plenum Hausaufgabe
7 Do.	**(1)** Die S. stellen ihre KG und ihre Untersuchungen ihrem Partner (Sitz- nachbarn) vor.	Die S. können das bisher Erlernte nun selbstständig anwenden und wissen, dass	Partnerarbeit

		sich die Merkmale bei verschiedenen KG unterscheiden (können).	Plenum
	(2) Zusammentragen der Ergebnisse im Plenum. Die S. diskutieren über ihre Untersuchungsergebnisse. Die L. leitet das Gespräch und beantwortet Fragen. Die Ergebnisse werden an der Tafel festgehalten. (3) Hausaufgabe (wenn möglich, schon in der Stunde mit der Bearbeitung beginnen): „Wie könnte deine Kurzgeschichte weitergehen? Schreibe eine passende Fortsetzung oder ein Ende für die Kurzgeschichte. Begründe auch deine Variante, für die du dich entschieden hast."	Die S. haben ein Bewusstsein für die Definitionsproblematik der Kurzgeschichte. Die S. reflektieren selbstständig die Handlung der KG und sind in der Lage, die KG weiterzuführen und dies zu begründen.	Tafelarbeit Hausaufgabe
8 Fr.	(1) Die S. stellen sich ihr selbstgeschriebenes Ende in Vierergruppen gegenseitig vor und diskutieren kurz ihre Entscheidungen. (2) Besonders gute Ideen (gewählt durch die Schüler selbst) werden im Plenum vorgestellt. Die anderen S. und die L. kommentieren ggf. die Entscheidungen. (3) Die L. teilt abschließendes, zusammenfassendes Material aus (z.B. wie *Material 9*) und überprüft im Klassengespräch mit den S., inwieweit das Material das Gelernte widerspiegelt oder davon abweicht. Auf dem Material wird schließlich noch ergänzt.	Die S. wissen von der Offenheit einer KG und erkennen das Problem, solch eine »zu beenden«. Die S. sollen erkennen, dass die Offenheit ein wichtiges Merkmal der KG ist und eine entscheidende Rolle spielt. Die S. bündeln ihr Wissen abschließend und halten es für die Zukunft fest. Dabei können noch entstandene Fragen geklärt werden.	Gruppenarbeit Plenum **Erkenntnissicherung!**

2.6 Ausarbeitung einer Doppelstunde:

Bei der folgenden ausgearbeiteten Doppelstunde handelt es sich um die erste Doppelstunde und Einführung in die Unterrichtseinheit »Literarisches Lernen mit klassischen Kurzgeschichten der Nachkriegszeit«, in der die Schülerinnen und Schüler an die Kurzgeschichten der Nachkriegszeit herangeführt werden. Dies geschieht in dieser und in den folgenden Stunden exemplarisch an Wolfgang Borcherts »Das Brot«. In der ersten Doppelstunde wird zu Beginn auf die Bedeutsamkeit des Grundnahrungsmittels Brot eingegangen und der historische Rahmen, mit der kurzen Analyse eines Bildes, eingeführt. Die Schülerinnen und Schüler können so einfacher eine Verbindung und ein besseres Verständnis zur folgenden Kurzgeschichte aufbauen. Das gemeinsame Lesen der Kurzgeschichte erlaubt der Lehrperson einen kurzen, stichprobenartigen Einblick in die Lesefähigkeiten einiger Schüler. Außerdem fördert das gemeinsame, laute Lesen den Verstehensprozess. Mit den folgenden zwei Arbeitsaufträgen werden die Schülerinnen und

Schüler zum einen an die Grundlagen der Untersuchung einer Kurzgeschichte herangeführt bzw. können diese direkt an dem exemplarischen Beispiel anwenden und zum anderen setzen sie sich während der Charakterisierung mit den Hauptfiguren und deren Nöte, Probleme und Ängste auseinander. Ziel der Doppelstunde ist, dass den Schülerinnen und Schülern der historische Rahmen und die Nöte der damaligen Zeit bekannt sind und dass sie jene in der Kurzgeschichte Borcherts wiedererkennen. Sie verstehen den Inhalt der Kurzgeschichte, erkennen und beurteilen die Lügen des Mannes und der Frau, können die Handlungen und Perspektiven der beiden Hauptfiguren nachvollziehen und sind in der Lage dies schriftlich festzuhalten (in Form einer Hausaufgabe für die 3. Stunde). Unabhängig vom exemplarischen Beispiel haben die Schülerinnen und Schüler einen grundlegenden Handlungsrahmen, wie sie eine Kurzgeschichte untersuchen bzw. analysieren können.

Zeitplanung/ Unterrichtsphase	Lehrerhandeln/ Impulse	Schülerhandeln	Sozial- /Aktionsform Material/ Medium
7:55 Uhr Einleitung in das Stundenthema, Interesse wecken Aufmacher für »Das Brot«	- fordert die SchülerInnen dazu auf, ihre Pausenbrote auf den Tisch zu legen - fragt die Klasse nach der Bedeutung des Brotes als Grundnahrungsmittel (freie Meinungsäußerung erwünscht) - kommentiert die Aussagen der SchülerInnen und leitet ggf. den Meinungsaustausch	- holen ihre Pausenbrote heraus - stellen ihre Intentionen dem Plenum vor	Plenum (Lehrer-Schüler und Schüler-Schüler Konversation)

8:02 Uhr
 	
Einleitung in das Stundenthema, Interesse wecken
 	
Historischer Rahmen
	- projiziert das Trümmerbild mit einem Overhead-Projektor an die Wand (*Material 1*)
	- stellt unterstützende Fragen an die Schüler, z.B.:
	  ▪ „Was ist zu sehen?" (Bildbeschreibung)
	  ▪ „Welches historische Ereignis? Welche Zeit?" (Interpretationsansätze)
	- leitet die Auseinandersetzung und führt die Erkenntnisse zusammen
		- lassen das Bild auf sich wirken
		
		- orientieren sich an den Vorgaben der Lehrperson, um das Trümmerbild kurz zu beschreiben/ einzuordnen
			Plenum
			
			(Bildbeschreibung und Interpretation)
			
			-> *Material 1*
			OH-Projektor

8:10 Uhr Erster Kontakt mit der Kurzgeschichte	- teilt die Fotokopie der Kurzgeschichte »Das Brot« Wolfgang Borcherts aus (*Material 2*)	- nehmen die Kopie entgegen	Plenum

	- fordert einige SchülerInnen auf, den Text absatzweise laut vorlesen - beantwortet die Verständnisfragen bzw. versucht diese an die anderen Unterrichtsteilnehmer weiterzuleiten	- lesen die Textpassagen laut vor - hören zu - stellen wichtige Verständnisfragen - (Schüler helfen Schülern)	(Lautes Vorlesen und Klärung erster Fragen zur Kurzgeschichte) -> Material 2
8:25 Uhr Untersuchen der Kurzgeschichte	- teilt das Arbeitsblatt»Untersuchung einer Kurzgeschichte« aus - teilt die Klasse in Vierergruppen auf - weist jeweils zwei Gruppen eine der drei Kategorien zu (»1. Inhalt«,»2. Aufbau« oder »3. Sprache«) - steht für eventuelle Fragen bereit - beendet die Gruppenarbeit zur Pause	- nehmen die Kopie entgegen - finden sich in ihren Gruppen ein - bearbeiten in Gruppen ihre jeweilige Kategorie - stellen Fragen an die Lehrperson	Gruppenarbeit sechs Gruppen mit jeweils vier Schülern -> Material 3
8:40 Uhr	Pause		
8:45 Uhr Zusammentragen der Gruppenergebnisse	- legt den Arbeitszettel (*Material 3*) als Folie auf den Overhead-Projektor - gibt Anweisung, dass jede Gruppe einen Experten wählt, der die Gruppenergebnisse vorstellt - leitet das Zusammenführen der Gruppenergebnisse - schreibt die Ergebnisse auf die Folie und kommentiert - korrigiert Fehler mit Rückmeldung - fordert die SchülerInnen auf, die Ergebnisse in ihre Tabelle einzutragen	- finden sich erneut in den Gruppen ein - legen einen Experten fest - Experten stellen die Ergebnisse ihrer Kategorie dem Plenum vor - restliche S. unterstützen ggf. ihren Experten - andere Gruppen stellen evtl. Fragen - übernehmen die Ergebnisse der anderen Gruppen in ihre Tabelle	Plenum -> Material 3 (Folie) OH-Projektor

9:03 Uhr Charakterisierung der auftretenden Figuren (später relevant für die szenische Darstellung der Kurzgeschichte)	- teilt Arbeitszettel »Charakterisierung« (*Material 4*) aus - stellt Arbeitsauftrag: „Schreibe Textstellen aus der Kurzgeschichte heraus, die etwas über die entsprechende Figur aussagen (äußerlich und innerlich). Unterscheide dabei zwischen direkter und indirekter Charakterisierung (siehe Kasten). Jeder Partner übernimmt eine Figur." - steht für mögliche Fragen bereit	- finden sich auf ihrem Sitzplatz ein und nehmen Kopie entgegen - entscheiden mit ihrem Partner über Figurenvergabe - bearbeiten den Arbeitsauftrag - wenden sich bei Problemen an die Lehrperson	Partnerarbeit (Sitznachbar) -> *Material 4*
9:18 Uhr Vorbereitung auf Hausaufgabe Kurze Diskussion zur Figurencharakterisierung	- lässt die SchülerInnen in Vierergruppen, die er/sie sich in der Arbeitsphase überlegt hat, zusammenfinden - stellt Arbeitsauftrag: „Diskutiert kurz in den Vierergruppen eure Arbeitsergebnisse zur gleichen Figur." - steht für mögliche Fragen bereit	- finden sich in Vierergruppen zusammen - Diskutieren ihre Ergebnisse - stellen mögliche Fragen an die Lehrperson	Gruppenarbeit Sechs Gruppen mit vier Schülern der gleichen Figur -> *Material 4*
9:28 Uhr Hausaufgabe	- stellt Hausaufgabe: „Schreibe eine Charakterisierung zu der Figur, die du bearbeitet hast. Beachte dabei, inwieweit du die Situation und das Handeln nachvollziehen kannst. Wie würdest du in der Situation reagieren?"	- notieren sich die Hausaufgabe	Plenum

3. Literaturverzeichnis

- BELLMANN, WERNER (Hrsg.) (2004): Klassische deutsche Kurzgeschichten. Interpretationen. Reclam Verlag. Stuttgart.

- BELLMANN, WERNER (Hrsg.) (2011): Klassische deutsche Kurzgeschichten. Reclam Verlag. Stuttgart.

- BORCHERT, WOLFGANG/SCHINDLER, IRMGARD/TÖTEBERG, MICHAEL (Hrsg.) (2009): Wolfgang Borchert. Das Gesamtwerk. Rowohlt-Taschenbuch-Verlag. Reinbek.

- DEUTSCHES PISA-KONSORTIUM (2001): PISA 2000. Unter: http://www.keepeek.com/Digital-Asset-Management/oecd/education/lernen-fur-das-leben_9789264595903-de (abgerufen am 27.02.2013).

- DODERER, KLAUS (1973): Die Kurzgeschichte in Deutschland. Ihre Form und ihre Entwicklung. Wissenschaftliche Buchgesellschaft. Darmstadt.

- DURZAK, MANFRED (2002): Die deutsche Kurzgeschichte der Gegenwart. Autorenporträts, Werkstattgespräche, Interpretationen. Königshausen und Neumann Verlag. Würzburg.

- FREIE UND HANSESTADT HAMBURG. BEHÖRDE FÜR BILDUNG UND SPORT (Hrsg.) (2007): Rahmenplan Deutsch. Bildungsplan Achtstufiges Gymnasium Sekundarstufe I. Hamburg. Unter: http://www.hamburg.de/contentblob/2512248/data/deutsch-gy8-sek-i.pdf (abgerufen am 27.02.2013).

- KLAFKI, WOLFGANG: Didaktische Analyse als Kern der Unterrichtsvorbereitung. In: ROTH, HEINRICH/BLUMENTHAL, ALFRED (Hrsg.) (1962): Grundlegende Aufsätze aus der Zeitschrift »Die deutsche Schule«. Schroedel Verlag. Hannover.

- LILL, KLAUS (2010): Kurzgeschichten. Jahrgänge 8-11. Schöningh Verlag. Paderborn.

- MARX, LEONIE (2005): Die deutsche Kurzgeschichte. Metzler Verlag. Stuttgart/Weimar.

- NENTWIG, PAUL (1990): Die moderne Kurzgeschichte im Unterricht. Interpretationen und methodische Hinweise. Hahner Verlagsgesellschaft. Aachen-Hahn.

- PETERßEN, WILHELM H. (2009): Kleines Methoden-Lexikon. Oldenbourg Verlag. München.

- SALZMANN, WOLFGANG (1998): Stundenblätter Kurzgeschichten. Klett Verlag. Stuttgart.

- SPINNER, KASPAR H. (1984): Moderne Kurzprosa in der Sekundarstufe I. Schroedel-Schulbuchverlag. Hannover.

- SPINNER, KASPAR H. (2012): Kurzgeschichten - Kurze Prosa. Grundlagen - Methoden - Anregungen für den Unterricht. Kallmeyer in Verbindung mit Klett. Seelze-Velber.

- ULRICH, WINFRIED (Hrsg.) (1973): Deutsche Kurzgeschichten. Arbeitstexte für den Unterricht. Reclam Verlag. Stuttgart.

Einige Materialen, wie die Kurzgeschichten, können aus rechtlichen Gründen nicht mitgegeben werden. Die drei behandelten Kurzgeschichten sind „Das Brot", „Die Küchenuhr" und „Nachts schlafen die Ratten doch" von Wolfgang Borchert.

Untersuchung einer Kurzgeschichte

1. Inhalt - Wer? - Wann? - Wo? - Was?	
2. Aufbau - unvermittelter Anfang? Inwiefern? - Steigerung der Handlung zu einem Höhe-/Wendepunkt? - offenes Ende? Welche Fragen bleiben offen?	
3. Sprache - kurze/lange Sätze? einfach oder verschachtelt? - Schlüsselsymbole, Metaphern, Vergleiche, Wiederholungen, bestimmte Wortarten? - direkte/indirekte Rede? innere Monologe?	

Charakterisierung

Zum Verständnis eines literarischen Textes (z. B. eines Romans, einer Kurzgeschichte, eines Dramas) ist meist die Charakterisierung der Hauptfiguren (eventuell auch interessanter Nebenfiguren) notwendig.

Durch die Charakterisierung soll deutlich werden, durch welche Merkmale (Aussehen, Angewohnheiten, soziale Rolle, Beruf, Verhaltensweisen, Verhältnis zu anderen Figuren) das Wesen einer literarischen Figur für den Leser/die Leserin vorstellbar wird. Häufig empfiehlt sich eine Vorgehensweise vom Äußeren zum Inneren, vom Erscheinungsbild zum Wesenskern. Dabei ist zu unterscheiden zwischen **direkter** und **indirekter Charakterisierung.**

Die **direkte Charakterisierung** erfolgt durch den Erzähler oder eine andere Figur innerhalb der Erzählung. Die **indirekte Charakterisierung** ergibt sich aus dem, was eine Figur sagt, und daraus, wie sie handelt. Die indirekte Charakterisierung muss also vom Leser erschlossen werden.

Beispiel:

Direkte Charakterisierung: „Nein, es war wohl nichts", echote er <u>unsicher</u>. (Z. 40)
(Der Erzähler charakterisiert den Mann.)

Indirekte Charakterisierung: Und sie sah von dem Teller weg. (Z. 19)
(Der Leser/die Leserin muss die Handlung der Frau deuten, muss erschließen, was es über die Frau aussagt, dass sie in diesem Moment vom Teller wegsieht.)

aus: LILL 2010: 57

Partner A „Frau"	Partner B „Mann"